Charles Seignobos

La Séparation
des pouvoirs

essai

ISBN : 978-1534921559

10 9 8 7 6 5 4 3 2 1

Charles Seignobos

La Séparation des pouvoirs

essai

Table de Matières

Introduction

Les sociétés civilisées se sont transformées si rapidement en ce siècle par le progrès des sciences, de la production matérielle, de l'instruction et de la presse, qu'elles ont fait craquer les institutions politiques dont leurs anciens gouvernements les avaient revêtues. Mais les lambeaux des institutions détruites sont restés accrochés dans les textes de lois officiels et dans les commentaires officieux, et empêchent d'apercevoir la réalité. Ainsi le droit constitutionnel des peuples civilisés est devenu un amas de théories fondées sur l'observation d'un état de choses disparu, ou sur la généralisation hâtive de quelques faits exceptionnels.

Pour discerner dans un principe de droit public ce qui est encore une réalité vivante de ce qui n'est plus qu'une formule vide, le procédé rationnel semble être d'en étudier l'évolution dans l'histoire intérieure des États contemporains. Je vais essayer de l'appliquer à l'un des dogmes politiques les plus célèbres de notre temps, celui de la séparation des pouvoirs.

Partie I

C'est Montesquieu qui a formulé la théorie de la séparation des pouvoirs, dans le chapitre bien connu *De la Constitution d'Angleterre*. L'idée n'était pas entièrement neuve. Locke, dans le *Traité du gouvernement civil*, avait distingué les pouvoirs *exécutif, législatif, fédératif* (il appelait ainsi le pouvoir chargé des relations avec l'étranger). Swift et Bolingbroke avaient exposé la théorie de la « balance du pouvoir » entre le roi, les nobles et les Communes, et de « l'équilibre » qui empêchait aucun des trois de devenir tout-puissant. La formule était plus ancienne encore : Aristote déjà, analysant la souveraineté, la décomposait en trois éléments : « celui qui délibère, celui qui commande, celui qui juge. »

Mais Montesquieu avait su amalgamer ces formules de façon à leur donner une apparence de rigueur ; il les présentait sous le couvert de la constitution anglaise que l'on commençait à admirer sans la connaître ; et surtout il satisfaisait un besoin vivement ressenti par la partie la plus instruite des aristocraties européennes, en indiquant un procédé pratique pour mettre un frein à l'arbitraire des princes et de leurs fonctionnaires. « Tout serait perdu si le même homme ou le même corps des principaux, ou des nobles, ou du peuple exerçait ces trois pouvoirs. » Cette doctrine était faite pour séduire des hommes habitués à souffrir surtout des excès du pouvoir monarchique.

Il nous est très facile aujourd'hui de découvrir les côtés faibles de la théorie de Montesquieu. La séparation des pouvoirs, telle qu'il la décrit, n'était pas le régime de l'Angleterre de son temps, et ne l'a été dans aucun temps : elle n'a existé chez aucun autre peuple connu : il est même douteux qu'elle puisse fonctionner dans une société humaine.

En Angleterre, où la constitution est formée par les précédents et par une tradition constante plutôt que formulée dans les textes, le gouvernement légal depuis le moyen Age se composait du roi assisté de son Conseil, et du Parlement divisé en deux Chambres. Le roi disposait seul de toute l'autorité active, il décidait tous les actes du gouvernement à l'intérieur et au dehors, il nommait tous les fonctionnaires, y compris les juges : les ministres n'étaient que ses commis, choisis à sa discrétion et renvoyés de même, comme pouvaient l'être ceux de Louis XIV. Il confondait en sa personne ce que Montesquieu aurait appelé les pouvoirs *exécutif* et *judiciaire*. De cette ancienne puissance quasi absolue du roi d'Angleterre la trace s'est conservée encore dans les formules officielles : tous les actes du gouvernement sont les actes de la reine, la justice même est rendue en son nom. L'action du Parlement était limitée aux lois et au vote des impôts. Mais ce pouvoir même, que Montesquieu appelait le *législatif*, loin d'être organisé sur le principe de la séparation, ne pouvait fonctionner que par la collaboration constante du roi et du Parlement : la loi était faite en commun par le roi. les Communes et les Lords, le budget par le roi et les Communes.

Ce régime qui durait encore à la fin du XVIIe siècle venait, au moment où Montesquieu visita l'Angleterre, d'être transformé par les ministres whigs des premiers rois de la dynastie de Hanovre ; il avait pris dans la pratique une forme plus différente encore du système de la séparation des pouvoirs. Les ministres avaient cessé d'être les commis du roi, ils étaient les chefs de la majorité de la Chambre basse. Le ministère, investi à la place et au nom du roi de tout le pouvoir gouvernemental, était devenu en fait une commission permanente de la Chambre des communes désignée par la majorité. Ainsi tous les pouvoirs, pour parler la langue de Montesquieu. se trouvaient confondus dans la Chambre qui les exerçait par l'intermédiaire du cabinet pris dans la majorité ; et tous les actes souverains qui constituent le gouvernement suprême s'accomplissaient non par l'impulsion séparée de trois pouvoirs indépendants, mais par la collaboration continue du ministère et des deux Chambres. Entre la pratique anglaise et la description de Montesquieu il n'y avait qu'un point commun, c'était le nombre *trois*.

Il n'est pas nécessaire de rechercher si le véritable caractère de la constitution anglaise avait échappé aux observateurs politiques de ce temps ou si Montesquieu a évité volontairement[1] d'en donner une analyse exacte. Mais il faut examiner dans quelle mesure sa théorie de la séparation des pouvoirs correspond aux conditions de la vie politique des peuples civilisés auxquels on a essayé de l'appliquer pendant un siècle.

Le point de départ n'est pas l'observation d'un gouvernement où l'on aurait constaté l'existence réelle de trois corps investis chacun d'un pouvoir indépendant (même les trois corps anglais, Ministère, Chambre haute, Chambre basse, exercent l'autorité ensemble par une collaboration, non par un partage). La théorie repose au contraire sur une distinction abstraite, entre « la puissance législative, la puissance exécutrice des choses qui dépendent du *droit* des gens, et la puissance exécutrice de celles qui dépendent du *droit* civil ». Elle n'emprunte même pas son principe à quelque réalité politique : elle n'est qu'une théorie juridique.

Il en résulte qu'elle laisse de côté une partie indispensable des opérations réelles de tout gouvernement civilisé. Elle ne tient compte que du « pouvoir de faire ou d'abroger les lois, de faire la paix ou la guerre, d'envoyer ou recevoir des ambassades, de punir les crimes ou juger les différends des particuliers ». Cette énumération suffit à peine à analyser le gouvernement d'un

---

1 C'est ce que pourrait faire soupçonner la phrase énigmatique : « Ce n'est point à moi à examiner si les Anglais jouissent actuellement de cette liberté ou non. Il me suffit de dire qu'elle est établie par leurs lois... »

royaume mérovingien où toute la vie politique se réduit à des guerres, des jugements et des édits. Elle oublie la nomination des fonctionnaires, le contrôle de leurs actes, le règlement des recettes et des dépenses publiques, toutes les opérations qui constituent la vie politique de la nation, donnent la force au gouvernement et forment la matière habituelle des décisions de l'autorité souveraine. A ces fonctions fondamentales du gouvernement Montesquieu ne fait guère que des allusions vagues, sans indiquer auquel des trois pouvoirs chacune doit appartenir ; il déclare seulement que la « levée des deniers publics » doit être votée chaque année par le pouvoir législatif, introduisant ainsi dans le droit public cette assimilation artificielle entre la loi et le budget des recettes qui a fini par aboutir à l'expression bizarre de *loi de finances* employée pour désigner un règlement annuel.

Par contre, il met au nombre des pouvoirs souverains la simple fonction de juger les procès privés, qui n'est qu'une des opérations de l'administration subordonnée au gouvernement général, au même titre que la police ou la perception de l'impôt : il élève les juges de la condition de fonctionnaire au rang de souverain : il semble qu'il ait pris pour un pouvoir gouvernemental distinct de tout autre l'indépendance personnelle dont le juge a besoin, comme tout fonctionnaire, pour remplir utilement sa fonction.

Les expressions même choisies par Montesquieu rendent imparfaitement les idées qu'il voulait exprimer. Le mot *législatif* définit mal le pouvoir *délibératif* du Parlement qui consiste non pas uniquement à l'aire des lois mais à décider les mesures d'intérêt général, y compris le budget, les traités et les enquêtes. Le mot *exécutif ne* recouvre qu'une faible partie des attributions du pouvoir *agissant* : il semble le réduire à la fonction d'exécuter ce qu'un autre pouvoir lui commande. Kant, adoptant cette classification, en est venu à distinguer le législatif qui ordonne, le judiciaire qui applique, l'exécutif qui exécute : ainsi compris, a-t-on dit, le gouvernement se concentre dans les fonctions d'huissier et de garde-chiourme. Mais l'énumération donnée par Montesquieu des fonctions de l'exécutif reste très incomplète, étant limitée par la définition arbitraire (probablement empruntée à Locke), « la puissance d'exécution des choses qui dépendent du droit des gens », elle se borne à « faire la paix ou la guerre, envoyer ou recevoir des ambassades, établir la sûreté, prévenir les invasions », c'est-à-dire aux affaires militaires et diplomatiques et peut-être à la police ; elle laisse en dehors non seulement toutes les entreprises d'utilité publique mais même tous les rapports avec les particuliers et les autorités locales qui forment l'administration proprement dite.

Ces expressions inexactes ont eu l'inconvénient de troubler les notions naturellement confuses du public sur les faits compliqués de la vie politique. Une autre impropriété de termes a eu des conséquences beaucoup plus graves. En parlant de la *séparation* des pouvoirs, Montesquieu a donné l'impression que chacun des trois pouvoirs devait être constitué *séparément*, enfermé dans son domaine propre, entouré do barrières pour le défendre contre les entreprises de chacun des deux autres. Quelques passages à la fin du chapitre montrent cependant qu'il ne se représentait pas les pouvoirs comme entièrement indépendants : il accorde à l'exécutif la *faculté d'empêcher*, au législatif la *faculté d'examiner*. Mais ces restrictions ont moins frappé les lecteurs que les définitions générales : et comme il n'a donné une théorie précise ni de la collaboration nécessaire entre les pouvoirs, ni des conflits possibles ni des moyens de les éviter ou de les résoudre, la séparation des pouvoirs est

entrée dans l'imagination publique sous la forme de trois autorités juxtaposées, qu'il fallait maintenir séparées, sans moyen d'agir l'une sur l'autre ou d'opérer de concert. De cette conception est sortie la doctrine qu'on doit exclure de l'Assemblée législative les ministres du pouvoir exécutif. Elle a abouti à un système qui rend impraticable la collaboration des corps souverains, et soulève entre eux des conflits incessants en leur enlevant tout moyen de les terminer à l'amiable, puisqu'elle leur interdisait de se concerter ensemble ou de se contraindre mutuellement.

Il est avantageux de partager le travail entre les employés d'un même gouvernement, de façon à former des groupes distincts chargés chacun d'une seule espèce d'opérations : ces corps spéciaux, officiers, juges, percepteurs, professeurs, ingénieurs, s'acquittent ainsi plus facilement de la fonction spéciale à laquelle ils sont préposés. Mais cette séparation en *services* n'est applicable qu'à des fonctions subordonnées, dépendantes d'une autorité supérieure ; elle ne peut fonctionner régulièrement qu'à condition d'être dominée par un gouvernement unique qui délimite les fonctions de chaque service, empêche entre eux les conflits, et les oblige à opérer de concert. Il reste donc toujours une part du travail politique qui ne peut être partagée entre des pouvoirs indépendants, c'est précisément celle qui consiste à décider la direction générale où doit marcher la nation et l'emploie à faire de ses ressources. Cette décision peut être prise en collaboration par plusieurs hommes ou même par plusieurs corps, mais il faudra toujours que leurs opérations aboutissent à une décision unique, ou à un conflit, et, en cas de conflit, celui qui aura le pouvoir de faire céder l'autre sera le vrai souverain. Les fonctions subordonnées peuvent être organisées en services séparés, le gouvernement ne peut se constituer sur la séparation des pouvoirs souverains, car il n'y a qu'un seul pouvoir souverain, celui de décider. Il faut donc se garder de confondre la division en services spéciaux avec la séparation des pouvoirs souverains, comme Montesquieu semble l'avoir fait en mettant le service spécial de la judicature au même rang que le pouvoir des ministres et du Parlement.

Ces objections ne pouvaient frapper les hommes du xviii8 siècle, inexpérimentés encore dans le mécanisme des gouvernements. La théorie de la séparation des pouvoirs était pour eux l'évangile de la liberté politique, la fin du despotisme des cours et des bureaux. Elle enchantait surtout les libéraux aristocrates, car elle donnait à la noblesse si longtemps écartée des affaires le moyen de reprendre dans l'Étal sa légitime part d'influence.

Les intrigues et les scandales du Parlement anglais depuis l'avènement de Georges III (1760), en discréditant la pratique du régime parlementaire, accrurent la vogue delà théorie ; le roi Georges, au lieu d'accepter le ministère des mains du Parlement, comme ses prédécesseurs, s'était avisé de choisir ses ministres à sa fantaisie et d'employer leur influence à se former un parti personnel, celui des «amis du roi » qui devait servir h brouiller le jeu des partis réguliers de façon à rétablir l'autorité royale. Ce manège habitua les hommes politiques à regarder les ministres comme des agents corrupteurs dangereux pour l'indépendance dos assemblées, et qu'il fallait en écarter systématiquement.

Dans la génération qui fit la Révolution d'Amérique et la Révolution française, les « classes dirigeantes » étaient pénétrées des formules de Montesquieu sur la séparation des pouvoirs et prêtes à les faire passer dans les actes officiels. Les Américains donnèrent l'exemple.

Le terrain aux États-Unis était particulièrement favorable à l'application de la théorie. Le gouvernement de chacune des colonies était partagé entre un gouverneur représentant le roi d'Angleterre et une législature qui représentait les habitants. Cet appareil un peu rudimentaire suffisait à des sociétés peu nombreuses, simples, presque exclusivement agricoles, où les habitants réglaient eux-mêmes leurs affaires locales, et où les fonctions et le budget du gouvernement central étaient réduits au strict minimum. Après la rupture avec l'Angleterre ce régime fut conservé, mais le gouverneur fut élu par le peuple ^devenu souverain. Ainsi l'autorité suprême du roi disparut et se trouva partagée entre deux pouvoirs juxtaposés et indépendants analogues au Législatif et à l'Exécutif indiqués par la théorie de la séparation des pouvoirs.

La Constitution fédérale de 1787, on le sait aujourd'hui,[1] fut beaucoup moins une construction inspirée par des idées théoriques, qu'une imitation de la constitution des principaux États entrés dans l'Union. Le Congrès est une législature fédérale, le Président un gouverneur fédéral. Et comme il a fallu une autorité pour décider entre les différents États de l'Union, on a créé, sous le nom de Cour suprême, un tribunal fédéral.

Mais l'influence de la théorie n'est pas contestable. Elle apparaît dans la forme de la Constitution ; les autorités fédérales sont énumérées suivant le schéma de Montesquieu dans l'ordre même où il les a placées ; à chacune est consacré un article spécial, article premier, les pouvoirs législatifs ; article a, le pouvoir exécutif ; article 3, le pouvoir judiciaire. La théorie paraît aussi avoir agi sur les relations réciproques des pouvoirs : on a cherché systématiquement à les parquer chacun dans sa fonction et à éviter entre eux les contacts. Le Président ne peut ni dissoudre, ni ajourner, ni convoquer le Congrès. Ses ministres ne peuvent ni siéger au Congrès, ni lui proposer une loi ou un amendement, ni même préparer le budget. En revanche le Congrès ne peut pas interpeller les ministres, il n'a aucune prise sur eux. Enfin la Cour

1 Voir sur ce point Fiske, *The critical period of the american history* (1888) et Bryce, *The american Commonwealth*, 3e **édit**. 1893.

suprême n'est pas subordonnée aux autres pouvoirs et peut rendre des arrêts contraires aux lois votées par le Congrès.

Cependant les Américains, fidèles ù la tradition anglaise, ont corrigé la rigueur de la théorie par quelques expédients qui établissent un contact entre les pouvoirs. Ils ont donné au Président le droit de prendre l'initiative par un message, et celui de demander une nouvelle délibération à la majorité des deux tiers ; ce droit, dans la pratique, équivaut à un *veto*, et c'est encore le nom qu'on lui donne dans l'usage. Ils ont donné au Sénat le droit de confirmer ou de rejeter les nominations des hauts fonctionnaires, au Congrès le droit de déclarer la guerre.

Les Français suivirent de près les Américains. La séparation des pouvoirs figurait sur un grand nombre des cahiers des États généraux. Le 27 juillet 1789, le rapporteur du Comité de constitution, résumant les demandes des cahiers, déclarait qu'ils avaient donné aux députés « les pouvoirs nécessaires pour asseoir sur des principes certains et sur *la distinction* et la constitution régulière de tous les pouvoirs la prospérité de l'Empire français ». Le 26 août, l'Assemblée nationale votait le principe. « Toute société dans laquelle la garantie des droits n'est pas assurée et *la séparation des pouvoirs* déterminée n'a pas de constitution ». C'est l'article 16 de la déclaration des Droits de l'homme.

Ainsi la doctrine était proclamée sous la forme la plus doctrinaire en apparence. Quelques mois plus tard l'Assemblée repoussait la proposition de Mirabeau d'admettre dans son sein les ministres du roi même avec voix consultative ; elle semblait, en interdisant tout contact entre les agents du pouvoir exécutif et les représentants du pouvoir législatif, vouloir indiquer qu'elle adoptait la théorie de la séparation des pouvoirs avec son interprétation la plus radicale.

Cependant les gens de la Constituante étaient plus « opportunistes » qu'on ne le croit.[1] Mounier leur fournit une formule fort obscure mais très commode qui leur permettait de tempérer la rigueur de la doctrine par des expédients pratiques : « Pour que les pouvoirs restent à jamais divisés, il ne faut pas les séparer entièrement. » En conséquence on donna au roi la sanction des lois votées par le pouvoir législatif. Et si l'on rejeta le régime anglais du ministère

---

1 Voir le petit ouvrage très judicieux de M. E. Champion : *L'Esprit de la Révolution*.

pris dans le Parlement, ce fut moins par des motifs de doctrine que par une défiance pratique envers l'entourage de Louis XVI, et parce que l'expérience de l'Angleterre elle-même semblait à cette époque avoir prouvé le danger d'admettre les agents du roi dans l'Assemblée. « Il y a, disait Blin le 7 novembre, dans le Parlement de cette nation (l'Angleterre) une majorité corrompue et qui ne prend même pas la peine de cacher le trafic de ses voix. En examinant les votes île cette Assemblée on voit un grand nombre de motions utiles rejetées par la majorité ministérielle, c'est elle qui a occasionné la perte des colonies. » Et, citant les lettres de Junius, il appelait le Parlement « une Assemblée représentant tout un peuple dégradée par la présence d'un ministre ».

Quant au pouvoir judiciaire, on ne lui fit pas une place conforme à la théorie parmi les pouvoirs souverains. Après avoir invoque Montesquieu pour faire repousser la nomination des juges par le pouvoir exécutif, on se borna à rendre les juges électifs, comme les administrateurs et les ecclésiastiques. La doctrine servit seulement à rétablir la justice administrative de l'ancien régime : « Les fonctions judiciaires seront *distinctes* et demeureront toujours *séparées* des fonctions administratives ». (Loi du 24 août 1790.) On en tira la conséquence que les conflits avec une autorité administrative ne pouvaient être jugés par un tribunal judiciaire et ne devaient être réglés que par l'administration elle-même. Ce fut le germe de la justice administrative qui, après la restauration du Conseil d'État et la création des Conseils de préfecture sous Napoléon, s'est peu à peu développée jusqu'à former un service complet de juridiction administrative parallèle au service de la juridiction ordinaire. En ce temps la théorie de la séparation des pouvoirs servait les partisans de la justice administrative, en attendant le jour où elle allait être invoquée contre eux.

Ainsi, vers la fin du XVIIIe siècle, le régime parlementaire à l'anglaise, compromis par des scandales, condamné par l'opinion, paraissait décrépit et prêt à périr, tandis (pie la séparation des pouvoirs, adoptée officiellement par les deux grands peuples novateurs aux États-Unis sous la forme fédérale, en France sous la forme centralisée, semblait appelée à devenir le droit public du monde civilisé.

Charles Seignobos

Partie II

La crise des guerres de la Révolution mit bientôt à l'épreuve le régime de la séparation des pouvoirs. Les conventionnels, ces terribles réalistes, s'aperçurent vite que l'Assemblée, pour résister à l'invasion, avait besoin d'être souveraine, et qu'elle ne pouvait être souveraine qu'en organisant elle-même le pouvoir exécutif. Danton travaillait dans ce sens dès 1792 : en 1793 la nécessité de la concentration des pouvoirs s'imposait au parti républicain. Le 10 mars 1793, Buzot ayant dit à la Convention. « On veut que vous confondiez dans vos mains tous les pouvoirs ». quelqu'un cria : « Il faut agir et non bavarder. » La Constitution de l'an I, préparée par Condorcet et adoptée par les Montagnards, ne parlait plus de la séparation des pouvoirs : le Conseil exécutif devait être élu par l'Assemblée sur une liste de noms désignés par un vote des électeurs.

Après la chute des Jacobins, la Convention voulut rétablir la doctrine de la Constituante par une déclaration doctrinale. « La garantie sociale ne peut exister si la division des pouvoirs n'est pas établie, leurs limites fixées et la responsabilité des fonctionnaires publics assurée » (Constitution de l'an III, art. 22). Elle poussa à l'extrême la séparation des pouvoirs en organisant un Directoire exécutif absolument séparé du corps législatif (les deux Conseils), sans action réciproque de l'un sur l'autre. Quatre ans plus tard, après trois coups d'État partiels, le Directoire faisait expulser le Conseil des Cinq-Cents par les grenadiers de Bonaparte. La séparation des pouvoirs avait produit des conflits incessants et n'empêchait pas le retour du despotisme.

Sieyès, chargé de rédiger la Constitution de l'an VIII, voulait organiser le gouvernement suivant les principes ; il avait même raffiné la théorie courante, et décomposé le pouvoir législatif en trois volontés, *constituante* (Sénat), *pétitionnaire* (Tribunat), *législative* (Corps législatif). Bonaparte accepta son mécanisme et lui laissa créer ses trois corps, mais il montra par sa conduite que dans un gouvernement centralisé, pourvu d'une armée et d'un corps de fonctionnaires, le seul véritable souverain est le chef du pouvoir exécutif qui dicte aux corps délibérants leurs décisions ;

aussi le Sénat, en 1814, dans l'acte de déchéance, reprochait-il à Napoléon « la confusion de tous les pouvoirs ».

Il semblait que la chute de Napoléon, en ramenant le régime constitutionnel, dût faire revivre la théorie de la séparation des pouvoirs. En Espagne, les patriotes soulevés contre la domination étrangère, rédigeaient leur Constitution de 1812 en prenant pour modèle la Constitution française de 1791 ; et bien que pour définir le pouvoir législatif ils eussent emprunté à la vieille constitution de Navarre l'expression « réside dans les Cortès avec le roi», en contradiction avec la théorie stricte de la séparation, ils reconnaissaient au roi l'exercice exclusif du pouvoir exécutif, et excluaient les ministres de l'Assemblée législative, ce qui leur valut le mépris de Wellington.

A l'autre bout de l'Europe les Norvégiens, insurgés contre la conquête suédoise, imposaient à leur nouveau souverain la Constitution de 1814, fondée sur une application logique du principe de la séparation des pouvoirs : l'Assemblée législative se réunit de plein droit et ne peut être dissoute par le roi ; les membres du Conseil chargé par le roi du pouvoir exécutif ne peuvent siéger dans l'Assemblée.

Mais ces deux tentatives restèrent isolées, et ces deux pays finirent même par renoncer à leur régime. En Espagne, après deux révolutions, pour rétablir la Constitution « idolâtrée » de 1812, les partisans même de la Constitution se résignèrent à accepter le régime anglais du ministère pris dans la majorité des Cortès. En Norvège, le conflit permanent entre l'Assemblée et le roi s'est dénoué en 1880 après la condamnation judiciaire des ministres du roi, par l'abandon du principe de la séparation : les ministres sont maintenant, comme en tout pays parlementaire, pris parmi les membres de l'Assemblée.

C'est que le régime parlementaire anglais, si décrié à la fin du XVIIIe siècle, s'était relevé dans l'opinion de l'Europe, quand on avait vu le gouvernement anglais résister victorieusement à l'oppresseur de toutes les libertés, l' Empereur des Français. La monarchie à l'anglaise était alors devenue l'idéal des libéraux monarchiques. La défaite de Napoléon lui ouvrit les États du continent. Dans les pays d'Europe où le souverain ne se borna pas à

Charles Seignobos

rétablir la monarchie absolue, la Restauration consista à introduire la royauté constitutionnelle à l'anglaise, c'est-à-dire un système de gouvernement collectif par le roi, le ministère et les Chambres, très différent de la séparation des pouvoirs.

En France, les souverains alliés eux-mêmes engagèrent Louis XVIII à établir ce régime. La charte de 1814, malgré les mots *puissance exécutive* et *législative* entrés définitivement dans la langue, régla les attributions des pouvoirs souverains d'une façon fort peu conforme à la théorie. « Au roi seul appartient la puissance exécutive. La puissance législale s'exerce *collectivement* par le roi, la Chambre des pairs et la Chambre des députés des départements. » Les ministres peuvent être membres de la Chambre et sont responsables. Le « pouvoir judiciaire » dont le nom figurait encore dans la déclaration de Saint-Ouen, a disparu dans la charte ; il est remplacé par « l'ordre judiciaire », organisé suivant un principe directement opposé à la doctrine des trois pouvoirs : « Toute justice émane du roi. Elle s'administre en son nom par des juges qu'il nomme et qu'il institue. » Le gouvernement conservait la justice administrative des conseils de préfecture et du conseil d'État, si décriée mais si commode : créée en 1790 au nom de la séparation des pouvoirs, elle se justifiait désormais par la réunion des pouvoirs exécutif et judiciaire dans la personne du roi.

Sous la pression des Alliés et de l'opinion libérale, Louis XVIII avait transplanté en France le régime anglais de la collaboration et de l'action réciproque des pouvoirs : la nouvelle constitution française reproduisait fidèlement son modèle : décision collective des lois et du budget, droit du roi de convoquer et de dissoudre la Chambre, droit des ministres de siéger à la Chambre, droit des Chambres de mettre en accusation les ministres, tout l'appareil nécessaire pour obliger les pouvoirs à opérer en commun et leur donner en cas de conflit les moyens de se contraindre mutuellement. Elle copiait même les traits accessoires, l'hérédité de la Chambre haute, le discours du trône, l'adresse des Chambres au roi.

Les petits souverains qui se risquèrent à donner une constitution à leurs sujets, le roi des Pays-Bas, les princes de l'Allemagne du Sud, copièrent à leur tour la charte française. Toutes les grandes monarchies, Autriche. Prusse, Russie et la plupart des petites conservèrent l'absolutisme, ou pur, ou faiblement tempéré par des assemblées provinciales. La séparation des pouvoirs disparut du droit public de l'Europe.

Il sembla par contre qu'elle allait, sous la forme fédérale, devenir la règle constitutionnelle de l'Amérique. Les nouvelles républiques hispano-américaines, en quête de constitutions toutes faites pour remplir le vide fait par l'expulsion du gouvernement espagnol, adoptèrent les formes de leur sœur aînée, la république des États-Unis : elles créèrent des présidents et des congrès. Mais entre ces pouvoirs à noms américains s'établirent des rapports empruntés au régime anglais et contraires à la doctrine américaine de la séparation. Les petits États : Chili, Pérou, Bolivie, Équateur, Paraguay, Uruguay, et chacune des cinq républiques de l'Amérique centrale après la dissolution de la confédération, s'organisèrent en gouvernements centralisés où l'autorité, dans les moments où elle ne fut pas absorbée tout entière par un dictateur légal ou révolutionnaire, s'exerça au moyen d'un ministère à la mode anglaise admis dans le congrès, responsable devant lui, préparant le budget et les lois. Les grands pays qui finirent par s'organiser en *États-Unis* (Mexique, Venezuela, Colombie, Argentine), eurent beau copier textuellement la constitution américaine de 1787, y compris les noms de cour suprême et de secrétaires ; leur cour suprême n'est jamais devenue un pouvoir indépendant des autres, et leurs secrétaires sont restés des ministres du président à l'anglaise, en contact permanent avec le congrès qu'ils dirigent.

Cependant la doctrine de la séparation des pouvoirs regagnait du terrain en France. La popularité des hommes de 89 qu'on commençait à opposer aux hommes de 89 rendait populaire leur doctrine favorite. Les attaques des absolutistes, de Bonald et de Saint-Roman, ne pouvaient que la consolider, en la présentant comme l'ennemie du despotisme. La mode s'établit dans le monde libéral de parler avec respect de la séparation des pouvoirs et de dénoncer comme un abus intolérable la « confusion dos pouvoirs ». Les écrivains du parti reprirent la théorie de la séparation pour la compléter, en même temps qu'ils soutenaient dans la pratique l'organisation anglaise du gouvernement par collaboration. Guizot, partisan du régime anglais interprété à la façon *tory*, admettait pourtant les trois pouvoirs de Montesquieu en leur adjoignant un pouvoir *administratif.* Benjamin Constant, partisan du régime anglais interprété dans le sens *whig*, découvrait un quatrième pouvoir, le modérateur. Sa formule eut l'honneur de plaire aux Portugais et le pouvoir modérateur fit son entrée officielle dans les constitutions du royaume de Portugal et de l'empire du Brésil ; toutes deux l'attribuaient au roi ou à l'empereur. C'était tout simplement le pouvoir reconnu au prince dans toutes les monarchies constitutionnelles de dissoudre la Chambre, de nommer les pairs, et de sanctionner les lois.

Puis un des chefs doctrinaires, le duc de Broglie, commença en 1828, contre la juridiction administrative contraire au principe de la séparation, une campagne qui, après de longues discussions, aboutit, par la loi de 1845, à consolider la juridiction du Conseil d'État.

La Révolution de 1830 parut favorable à la doctrine de la séparation des pouvoirs. Le titulaire de la chaire de droit constitutionnel fondée par les vainqueurs de Juillet, Rossi la professa publiquement. Le Congrès de 1831 chargé de rédiger la Constitution du nouveau royaume de Belgique, déclara que « tous les pouvoirs émanent de la nation » et les distingua en législatif, exécutif et judiciaire. La justice administrative fut attribuée aux députations permanentes des conseils provinciaux et l'indépendance du pouvoir judiciaire fut proclamée si solennellement qu'une polémique put s'élever en 1851 entre deux jurisconsultes belges[1] sur le droit des juges à refuser d'appliquer une loi régulièrement votée par le pouvoir législatif si elle leur paraissait contraire à la Constitution.

Pendant que la théorie de la séparation des trois pouvoirs s'étalait dans les écrits, la pratique de la vie parlementaire enracinait dans les États de l'Europe une réalité opposée à la théorie : la collaboration des chambres et du ministère et la subordination des tribunaux au gouvernement. La charte de Louis-Philippe conserva le texte de la charte de Louis XVIII.

Les auteurs des Constitutions de l'Espagne, les modérés de 1834 et de 1845, les progressistes de 1837, adoptèrent un règlement analogue comme une nécessité indiscutable prouvée par l'expérience.

On retrouve cet arrangement même dans les Constitutions nées

---

1 E. Verhaegen et Ch. Faider.

du mouvement de 1848, dans la constitution de Hollande, dans le *Statut constitutionnel* de Sardaigne de 1848, imité de la charte de Louis-Philippe et destiné à devenir la loi fondamentale du royaume d'Italie, dans la constitution prussienne de 1848 copiée sur la Constitution belge, puis remaniée en 1850 sous sa forme actuelle.

Les colonies anglaises, à mesure que la métropole leur permit de se constituer des gouvernements autonomes, le Nouveau Brunswick, la Nouvelle Écosse, le Gap, le Canada dès i84ii les colonies australiennes s'organisèrent toutes à l'image de l'Angleterre avec un ministère responsable pris dans la majorité de la Chambre basse, le gouverneur tenant l'office de roi. Quand fut organisé le Dominion du Canada en 1867, l'institution, établie dans chacune des sept provinces de la fédération, fut introduite dans le mécanisme du gouvernement fédéral.

La théorie de la séparation des pouvoirs exclue des États monarchiques fit un dernier retour offensif en France au milieu du désarroi qui suivit la chute de Louis-Philippe. La Révolution de 1848 n'avait pas été faite en son nom, elle n'était pas la doctrine des vieux républicains qui avaient proclamé la république et organisé le gouvernement provisoire. Mais, respectée de l'opinion publique comme une formule associée à l'idée de liberté et recommandée par l'exemple de la grande république américaine, elle devint tout d'un coup le dogme des républicains de la Constituante. La Constitution de 1848 le proclama solennellement. « La séparation des pouvoirs est la première condition d'un gouvernement libre », (art. 19), et elle l'appliqua avec rigueur. « Le peuple français délègue le pouvoir législatif à une assemblée unique... le pouvoir exécutif à un citoyen, le président de la République. » Sauf le ministère responsable que la nécessité pratique obligea la Constituante à admettre, c'était le régime américain : les deux pouvoirs émanaient chacun directement du peuple souverain, ils devaient opérer séparément, sans prise l'un sur l'autre en cas de conflit. Le conflit éclata. Le duc de Broglie en avait indiqué les deux issues possibles : « Ou l'Assemblée enverra le président à Vincennes, ou le président chassera l'Assemblée à coups de baïonnettes. » Ce fut le président qui rompit l'équilibre des pouvoirs en laveur de l'Exécutif.

Le coup d'État fut le coup de mort pour la doctrine de la

Charles Seignobos

séparation des pouvoirs en France. Napoléon III rétablit d'abord le mécanisme du premier Empire ; puis, quand il se décida à renoncer au pouvoir absolu, ce fut pour faire évoluer la Constitution française dans le sens du régime parlementaire anglais, devenu définitivement le type favori de tous les libéraux monarchiques. Les libéraux français s'amusèrent encore à taquiner le gouvernement impérial en réclamant contre la justice administrative au nom de la distinction des pouvoirs. Le bruit fut très fort vers la fin de l'Empire et pendant les premières années après la guerre, il dura jusque vers 1881,[1] puis il se tut. On commençait à s'apercevoir que les tribunaux administratifs expédiaient les affaires d'une façon moins lente, moins coûteuse et plus moderne que les tribunaux ordinaires encombrés d'une procédure organisée sous Philippe le Bel, et qu'ils n'étaient ni plus ni moins indépendants.

L'Assemblée nationale de 1871 parlait encore avec respect de la séparation des pouvoirs. Quand on discuta la réforme du Conseil d'État, M. Bardoux dit : « La politique est une science, elle a des principes immuables, et l'un de ces principes est précisément la séparation des pouvoirs » (19 février 1872). Mais lorsqu'il s'agit de fabriquer une constitution réelle, on mit de côté le principe immuable, et on se borna a accommoder le régime parlementaire anglais aux besoins d'une société démocratique, en limitant les pouvoirs du président et en prescrivant la procédure à suivre en cas de conflit. Quelques années après, l'Académie des sciences morales mettait au concours la question de la *séparation des pouvoirs* ; l'auteur du mémoire couronné, M. Saint-Girons n'osa pas déclarer ouvertement que la doctrine était morte, mais il cita des faits qui le prouvaient.

En Allemagne, la théorie était depuis longtemps abandonnée même par les juristes. In des auteurs de droit constitutionnel les plus respectés, Mohl écrivait dès 1855 : « D n'est pas besoin d'une grande dépense de pénétration et de savoir pour montrer que cette doctrine de Montesquieu dans ses points principaux est ou franchement inexacte, ou du moins douteuse au plus haut degré. La séparation en trois est logiquement fausse et n'épuise pas la matière. Le démembrement du pouvoir de l'État en trois pouvoirs séparés et indépendants, dissout l'organisme de l'État... et mène

1 V. Laboulaye, Jousserandot, Fuzier-Herman.

pratiquement à l'anarchie. Un pouvoir exécutif supérieur auquel un pouvoir législatif donne des ordres est un non-sens. Citer la constitution anglaise comme exemple de la séparation en trois, c'est se mettre en opposition avec les faits. » En 18G0 il écrivait : « Il y a peu de propositions condamnées aussi unanimement par la science que la théorie de l'indépendance réciproque des pouvoirs.»

L'auteur du principal traité de droit constitutionnel prussien, Rœnne, disait en 1864 : « On ne peut nier qu'une différenciation des pouvoirs... est nécessaire parce que des fonctions spéciales sont mieux remplies par des organes propres, et que la liberté et la sécurité des individus en sont mieux garanties. Mais ce partage n'implique nullement une séparation absolue telle que les pouvoirs différents soient possédés par des personnes différentes ».

Aucun des États qui ont eu à se faire une Constitution depuis la République de 1848 n'a tenté l'épreuve de la séparation des pouvoirs, ni le Danemark, ni la Suède en i8GG,ni l'Autriche-Hongrie en 1867, ni aucun des États des Balkans.

Partie III

De la doctrine de la séparation des pouvoirs que reste-t-il encore dans le droit public de l'Europe ? D'abord trois mots définitivement entrés dans la langue politique de tous les peuples civilisés, trois mots assez mal faits, car le *pouvoir législatif* a bien d'autres occupations que de légiférer, le *pouvoir exécutif* décide beaucoup plus qu'il n'exécute, et le *pouvoir judiciaire* n'est pas un pouvoir, mais seulement une *fonction* comme la police, l'administration ou la perception des impôts.

Il en reste aussi deux notions confuses. L'une, judicieuse malgré sa forme solennelle, c'est que les fonctionnaires chargés de juger ont particulièrement besoin d'être rendus inaccessibles à l'intimidation ou à la corruption de la part de leurs supérieurs, il leur est trop facile de se laisser aller à juger dans un sens agréable au gouvernement. L'autre notion, vague et inexacte, c'est que certains agents, les juges et les ministres, auraient le droit, en raison de leur dignité supérieure, de soustraire certains de leurs actes au contrôle de la nation représentée par ses mandataires du Parlement. Cette

Charles Seignobos

prétention, dont l'origine doit être cherchée dans un souvenir confus de la supériorité des gens du roi et des magistrats sur le reste des sujets, fait naître parfois dans la vie politique des conflits entre le gouvernement et les représentants du pays ; l'agent cherche alors à se tirer d'affaire en accusant l'Assemblée de courir a la « confusion des pouvoirs », ce qui, dans l'opinion courante, équivaut à la subversion des fondements du droit public.

Mais ce qui faisait la vie de la doctrine, l'idée que le meilleur moyen d'assurer le fonctionnement régulier d'un gouvernement libre serait de séparer les pouvoirs souverains entre des corps indépendants sans action l'un sur l'autre, cette idée-là est bien morte, et l'on peut lire son oraison funèbre dans tous les traités de droit public fondés sur l'expérience d'un État centralisé.[1]

Comment une idée contredite par l'expérience a-t-elle pu dominer pendant un siècle non seulement les écrits théoriques mais les actes pratiques de tant d'hommes d'État ? C'est qu'elle a paru longtemps la seule défense pratique contre le plus grand mal des sociétés civilisées, le despotisme du gouvernement et de ses fonctionnaires. Tout homme investi d'un pouvoir de contrainte sur d'autres hommes est normalement porté à en abuser, surtout dans les pays où une longue tradition a habitué les gens du roi à traiter en inférieurs les sujets de leur maître. Combien il reste encore de cette habitude même chez les fonctionnaires de notre démocratie, leurs allures le rappellent à tout instant ; quiconque a eu la curiosité de regarder derrière le guichet d'une administration d'État, a pu reconnaître, dans l'affectation que certains employés mettent à faire attendre le public, le symbole de leur sentiment intime vis-à-vis des *administrés*. Si l'autorité est sans durée et sans contrôle, le fonctionnaire est normalement porté à en abuser sans mesure : là-dessus il suffit de consulter les voyageurs qui reviennent d'Orient.

Pour retenir les fonctionnaires sur cette pente naturelle, nous avons aujourd'hui deux freins puissants : la presse et le peuple. Mais au temps de Montesquieu, que pouvait la presse, enchaînée par la censure, dépourvue de moyens d'information, regardée comme un luxe réservé aux classes riches ? Et le peuple ? Dans les pays même les plus civilisés, ne justifiait-il pas la description

---

1 Voir entre autres Holtzendorff, *Encyclopaedie der Rechtswissenschaft*, et les traités de droit constitutionnel réunis dans la collection Marquardsen

de Voltaire[1] ? « Entendez-vous par *sauvages* des rustres vivant
dans des cabanes avec leurs femelles et quelques animaux, exposés
sans cesse à toute l'intempérie des saisons ; ne connaissant que la
terre qui les nourrit, et le marché où ils vont quelquefois vendre
leurs denrées pour y acheter quelques habillements grossiers
: parlant un jargon qu'on n'entend pas dans les villes ; ayant peu
d'idées, et par conséquent peu d'expressions ; soumis, sans qu'ils
sachent pourquoi, à un homme de plume, auquel ils portent tous
les ans la moitié de ce qu'ils ont gagné à la sueur de leur front
: se rassemblant, certains jours, dans une espèce de grange pour
célébrer des cérémonies où ils ne comprennent rien, écoutant
un homme vêtu autrement qu'eux et qu'ils n'entendent point ;
quittant quelquefois leur chaumière lorsqu'on bat le tambour, et
s'engageant à s'aller se faire tuer dans une terre étrangère, et à tuer
leurs semblables, pour le quart de ce qu'ils peuvent gagner chez
eux en travaillant ? Il y a de ces sauvages-là dans toute l'Europe. »

Il ne restait de forces vivantes à opposer au despotisme des princes
que l'aristocratie et la haute bourgeoisie, seules assez instruites pour
désirer la liberté ; et elles ne pouvaient résister que par le moyen des
anciens corps privilégiés, Parlements ou assemblées d'États. C'est à
ces forces que faisait appel la théorie de la séparation des pouvoirs.
Il s'agissait de persuader aux princes qu'ils devaient faire abandon
d'une partie de leur autorité et respecter comme un égal le corps
qui en serait investi ; la *séparation* paraissait la digue la plus sûre
contre l'empiétement. En fait les gouvernements absolus étaient
encore si maladroits dans le maniement de leur force matérielle,
si novices dans l'art des coups d'État que la barrière purement
imaginaire d'une doctrine suffisait parfois à les arrêter.

Mais cette inexpérience des gouvernements dura peu, et la
séparation des pouvoirs se montra bientôt impuissante à endiguer
les excès du pouvoir souverain. L'histoire du XIXe siècle est
pleine d'exemples de cette impuissance. Les premiers ministres
espagnols, qu'ils fussent des généraux comme Narvaez, Espartero,
O'Donnel ou de simples civils comme Gonzalès Bravo et Canovas
del Castillo, les dictateurs hispano-américains, Flores et Garcia
Moreno dans l'Équateur, Paez, les Monagas, Guzman Blanco en
Venezuela, Santa-Anna et Juarez au Mexique, Rivas en Uruguay,

---

1 Introduction de l'*Essai sur les mœurs*.

Charles Seignobos

Barrios en Guatemala, Nunez en Colombie, ont pu gouverner en despotes, tout en laissant intact le pouvoir législatif établi suivant les règles de la doctrine. Dans des pays moins troublés les ministres du Portugal et du Brésil, de la Prusse, de la Roumanie et du Danemark, ont pu, sans sortir presque des limites de leurs constitutions, exercer un pouvoir quasi absolu et réduire le Législatif au rôle d'un bureau d'enregistrement. Même les monarchies correctement constitutionnelles, l'Autriche, la Suède, l'Italie, la Grèce, l'Angleterre sous Georges III, la France sous Louis XVIII et sous Louis-Philippe, en respectant les formes du régime représentatif, ont fait passer au prince et à son entourage tous les pouvoirs pratiques de la souveraineté. La nation n'a été vraiment souveraine que dans les deux républiques fédérales des États-Unis et de Suisse, en Belgique, en Angleterre sous le règne de Victoria, en France depuis 1871.

Ce pouvoir législatif a pu être délégué à une assemblée unique ou partagé entre deux ou même entre trois, comme sous Napoléon Ier, le véritable et l'unique pouvoir, dès qu'il l'a voulu, a été le pouvoir exécutif, c'est-à-dire le chef de l'armée et des fonctionnaires, celui qui dispose des fusils et des prisons. Cette vérité de sens commun confirmée par l'histoire, Destutt de Tracy l'avait déjà formulée dans son commentaire de Montesquieu. « Il n'y a en droit qu'une puissance, la volonté nationale, et en fait il n'y en a pas d'autre que l'homme ou le corps chargé des fonctions exécutives, lequel a en main toute la force physique. »

C'est la « force physique » qui est l'ennemi permanent de la liberté politique, c'est contre elle que l'expérience de tous les temps doit mettre en garde les libéraux. La doctrine libérale, formée sous l'impression des souvenirs de la Convention, a proposé comme l'idéal de la politique le juste milieu entre le despotisme d'un homme et le despotisme d'une assemblée délibérante. L'assimilation est un pur jeu de mots. Il y a cent exemples de chefs du pouvoir exécutif devenus despotes à perpétuité, avec ou sans séparation des pouvoirs. Il n'y a pas d'exemple d'une assemblée élective qui se soit érigée en pouvoir absolu d'une durée indéfinie. La Convention elle-même n'a établi qu'un état de siège provisoire justifié par l'invasion et la guerre civile et ne l'a guère maintenu qu'un an, beaucoup moins longtemps que le régime dictatorial établi dès 1863 par le Congrès des États-Unis dans les États insurgés et prolongé jusqu'en 1870. Une assemblée peut décider des mesures injustes ou désastreuses, faire des déclarations odieuses ou ridicules, ses membres peuvent abuser de leur influence pour s'enrichir aux dépens de la société ; mais, tant qu'elle reste une assemblée délibérante, elle ne peut pas devenir despotique, puisqu'elle n'a pas de moyens d'action matériels, et tant qu'elle reste élective elle ne devient pas absolue puisqu'il dépend de ses électeurs de ne pas lui renouveler ses pouvoirs : et c'est précisément ce qui arriva à la Convention.

C'est donc contre les fonctionnaires et les agents exécutif seuls qu'on a besoin de prendre des précautions constitutionnelles et la seule séparation des pouvoirs qui puisse garantir contre eux la liberté, c'est celle qui consiste à séparer le pouvoir matériel du pouvoir moral. « L'armée, disaient les anciennes constitutions, doit être essentiellement obéissante. » Tel doit être aussi le rôle de tous les agents en possession d'une « force physique ». Tous les hommes armés doivent être les serviteurs du souverain et tous les membres du corps souverain doivent être des hommes désarmés, pourvus seulement d'une autorité abstraite, qu'ils tirent de leur qualité de représentants de la nation.

La difficulté pratique est de donner à ces représentants un instrument pour les faire obéir des détenteurs de la force. Le problème est résolu dans les pays habitués à la souveraineté du peuple et au gouvernement représentatif. Aux États-Unis et en Suisse on n'imaginerait pas une autorité exécutive refusant d'obéir à l'ordre légal d'une assemblée souveraine. Mais dans les pays de tradition monarchique le prince, les ministres, même les fonctionnaires subalternes, sont enclins à ressentir comme un déshonneur l'obligation de se courber devant la volonté de simples députés. Entre ces pouvoirs d'origine opposée reposant sur une conception opposée de l'autorité, — les pouvoirs exécutifs venant d'en haut, du prince l'ancien souverain, par hérédité ou par hiérarchie, — les pouvoirs législatifs montant d'en bas par délégation du peuple, le souverain nouveau. — entre ces deux pouvoirs le conflit est nécessaire ; il est souvent latent, masqué sous des formes respectueuses, contenu par l'accord de certains intérêts communs : mais il est permanent et parfois il fait éclater des crises qui suspendent toute la vie constitutionnelle de la nation

Charles Seignobos

; le XIXe' siècle en a vu de retentissantes, en France, en Prusse, en Danemark, en Norvège.

A ces crises la séparation des pouvoirs n'offre aucune solution. Quand la crise éclate, c'est que chacun des deux pouvoirs est décidé à ne pas céder : il s'agit de savoir lequel des deux aura le dernier mot, car celui qui fera céder l'autre, celui-là sera le souverain et, s'il l'a été une fois, il aura chance de le rester. Le régime anglais lui-même ne donne pas de solution satisfaisante. La dissolution ne termine pas la crise, elle montre seulement que le conflit est entre le peuple et le gouvernement. On regarde communément le pouvoir de l'assemblée de refuser le budget comme l'*ultima ratio*, l'arme irrésistible qui assure la victoire aux représentants de la nation et garantit la souveraineté du peuple. On nous a habitués à honorer Hampden comme le sauveur des libertés anglaises. En fait, les historiens anglais, Carlyle, Macaulay et Gardiner ont démontré, ce que Voltaire avait déjà signalé,[1] que la Révolution d'Angleterre a été faite pour des raisons religieuses, non pour des motifs fiscaux.

Au XIXe siècle même, le refus du budget n'a fait tomber aucun gouvernement. Charles X, en 1830, s'est enfui, non devant la Chambre ou la Société pour le refus de l'impôt, mais devant les insurgés républicains de Paris, et le même parti républicain, en 1848, a renversé Louis-Philippe à qui la Chambre n'avait refusé aucun budget. Les crises constitutionnelles de Prusse (1862-66) et de Danemark (1877-91) ont montré qu'un gouvernement peut se maintenir indéfiniment sans budget régulièrement voté et contre la volonté formelle des représentants du pays. En ce cas, comme le disait Bismarck au Landtag prussien en 1863, « les conflits deviennent des questions de force ; celui qui a la force en main va en avant dans son sens ».

Contre la tendance autoritaire de tous les agents exécutifs, contre les abus de pouvoir des fonctionnaires et même contre les intrigues des assemblées délibérantes, l'histoire du XIXe siècle ne nous montre que deux forces efficaces de résistance, toutes deux nées en ce siècle et que Montesquieu ne pouvait prévoir.

L'une est un peuple instruit des choses politiques, habitué à s'informer exactement, exigeant beaucoup de ses mandataires, les

---

1 Dans un passage trop peu remarqué de l'*Essai sur les mœurs*.

obligeant à lui rendre compte de leurs actes et à tenir compte de ses volontés, mais décidé à les soutenir même contre le gouvernement et par tous les moyens.

L'autre est une presse active, informée de tout, décidée à épier, à publier, à critiquer tous les actes des agents du pouvoir, assez indépendante de tous les fonctionnaires, même des juges, pour qu'on ne puisse la faire taire, assez riche ou assez nombreuse pour qu'on ne puisse la corrompre.

Avec un tel peuple et une telle presse un État sera garanti contre toutes les espèces de despotismes.

ISBN : 978-1534921559

Charles Seignobos

www.ingramcontent.com/pod-product-compliance
Lightning Source LLC
Chambersburg PA
CBHW072026290526
45787CB00015B/2300